바다에 뜬
달을 딴다

바다에 뜬 달을 딴다

청암 방효필 제1시집

도서출판 청옥문학사

詩人의 말

"언제부턴가
가슴 터져라, 부둥켜안고
살아왔을 고향 하늘은
내 삶의 등대로 남아
저만치서 바라보고 있겠지

밤이 지나고 새벽이 오면
부지런한 어부는 바다로 나가고
화롯불 만드는 할아버지
타닥타닥 쇠죽 끓는 소리에
하루가 시작되는
바다에 뜬 달을 딴다."

우리의 인생도 미완성으로 남기보다는
완성이 되는 그날까지 정진할 수 있도록
지인들의 질책과 지도편달이 있기를 바라는
마음으로 첫 시집을 펴낸다.

2013년 겨울
청암 방 효 필

목록

제 1 부

바다에 뜬 달을 딴다

제 2 부

청산에 향연

제 3 부

세월을 빛는 사람들 (청송)

제 4 부

休(휴), 쉬어가리라

제 5 부

방효필의 시時 세계

바다에 뜬 달을 딴다

청암 방효필의 첫 시집을

_______________ 님께 드립니다.

제 1 부

바다에 뜬 달을 딴다

바다에 뜬 달을 딴다

드나드는 길목마다
쏟아놓지 못했던
지난날 흔적들이
구석구석 박혀
뼛속 깊이 스며든다

꿈에서라도 보고 싶은 생각에
조바심을 내었던 마음은
어느새 바다의 마음이 되어가고
대문도 없는 마당에 들어서니
때 묻은 동생의 울음소리가
달려와 안긴다

그 시절
저 하늘에 걸친 총명하게 비친 별
바다에 놓인 오륙도처럼
오각형도 되고
칠각형도 되는 이유는 무엇일까?
잡으려 하지만
밤이 지나고 새벽이 오면
부지런한 어부는 바다로 나가고

화롯불 만드는 할아버지
타닥타닥 쇠죽 끓는 소리에
하루가 시작되는.

느티나무

쉬어가는 구름아
네가 세월을 알더냐!

누이동생 떠나가던 길 위에
먼지만 날리던 아픔을 알더냐!

함박눈 내리던
어머니의 발자국이 찍힌
그 속에 발을 담그며
가슴을 지지던
그 시절이
언제나 샘물처럼 솟는다는 것을
알더냐

그리고 팍팍했던
그 시절을 노래하던
그 어린아이가
선생이 되어
그대 앞에 서 있는 것이
보이느냐
아픔은
때론
그리움이 되는 것을.

고향소식

연둣빛 율동이
동심에 싹트고

녹음 깊어 갈수록
옷깃을 스치는 꽃향기는
구름까지 날아오를
힘찬 날개를 달아준다

넓고 푸른 하늘 아래
밭 일구는 농부는
어깨춤 덩실덩실
흥겨움에 젖는다

고향은 늘
어머니 품속.

환한 밤

그에 운명은
차라리 어머니 자궁 속처럼 어두웠다
낯선 곳 낯선 거리
오래전에 잊고 산 이름까지

바람이 불어도
비가 내려도
서럽도록 숨 쉬고 살았다

누구였을까
전생의 그는
그의 부모는
몇십 년을 살아도
변치 않는 진리는
허기뿐 이였는지 모른다.

뚝배기보다 장 맛

봄이 오면
들뜬 마음을
듬뿍 담아내고

여름이 오면
푸른 정원에
노니는 잎을 따 끓이며

가을이 오면
산 향기에 취해 멀미하는
사람들을 만나
구수한 입담을 늘어놓고

겨울이 오면
무심히 지나쳤던
시간을 조용히 바라보며
마음을 비우는 일

이 모두를
함께 섞어 뚝배기에
가득 담아
그 옛날 어머니가 그랬듯이
화롯불에 올려놓는다.

고향 싣은 완행열차

고향아
내가 너무 바빠
자주 찾지 못해 미안하구나!
그래도 널 생각하며
쫓기듯 살아온 시간이
오늘은 봄눈 녹듯 녹아내린다
그렇게 여러 해가 지나고
너를 향해 달려가고 있는 마음이
풍선처럼 부풀어 오른다
비탈진 길도
동구 밖 길모퉁이도
나를 안아줄 고향아
기다려라
내가 가고 있음이다.

산하리 가는 길

길도 그곳에서는 잠시 멈춰 서리라
아련히 떠오르던 길
가끔 드나들던 사랑방舍廊房
목마른 사내들이 모여
텁텁한 막걸리로 목을 축이고

고개를 넘어 길을 따라
신작로 끝에 보이는 그리운 마을

그들이 모여 놀던 그곳에
땅거미 내려앉을 때면
막걸리 한 사발이 그리워
뒤돌아보던 나그네는

돌아 돌아가다 보면
갑을 식당甲乙食堂에 둘러앉아
시심을 마셔대던
그 산하리 가는 길.

회고

바람과 싸운 세월의 흔적들이
내 살과 뼛속에서
그림자처럼 웅크리고 앉아있다
한때 소년에서

문우의 길을 스쳤던 날들
스산한 마음을 채우려
뒤척이던 밤도 흘렀을 터
내 영혼을 어쩌지 못해
어설프게 문학 문을
두드렸다
명성을 얻은 이름이여
이제 남은
꿈같은 시간은
마음속에 등불로 남아
뒤돌아보게 된다.

병영 일기

훈풍 속에
사월이 오면
복사꽃 능금 꽃이 피는 내 고향
시골 들판에
여름이 시작되면
노오란 참외가 익어가고

허수아비가
바람에
일렁일 때면
들판에 곡식이 익어간다

소몰이를 하고 온 소년이
시장기가 들 때면
요술쟁이 어머니는
구수한 된장국을
머리에 이으시고
논둑에 나타나신다

창가에 서서
고향을 그리노라면
언젠간 돌아갈 그날을 그리면서.

마음은 고향의 하늘가를
거닐고 있다

노오란-노란.

죽마고우竹馬故友

그 언덕 너머
진하게 묻어나는 내 고향
솔 마을
꿈을 키우던 친구의 모습이
보이고

지금도
사립문을 열면
술 한잔하자며
내 등을 토닥일 것 같은
오늘 그 향수를 마시며
빈속에 쓴 술을
집어넣는다

산다는 것이 바람 같다던
어느 시인이 말했던가!
자연에서 태어나
자연으로 돌아간
죽마고우여

옆에 있어도 그립다던
그 말 한마디 남기지 못한 채
바람 숭숭 뚫린 선술집에
기대앉아
넋두리만 포말처럼
날린다.

살풀이춤

느리면서도 부지런한
잔잔한 춤사위
함께하는 이방인의
마음속까지 설레게 한다

아련함 속에 감춰진 애환
내면 깊숙한 한을
끌어내는 궁중 즉흥무
밖으로 쏟지 못한
원망!
고통!
그리움!
북소리 끊어버린
하얀 수건과 하나 된 몸짓

돌아라 날아라 이 그리움
삶에서 죽음까지
하나가 되는.

서도소리(이은관)

구중궁궐九重宮闕 *
설한雪寒의* 소리 들릴 제
권 본*에 소리 앞에 섰다

열여섯 어린 나이
꽃가마 타고*
장가가던 날
시작된 소리 인생

철부지 아이
실눈을 하고
서도소리 고집하며
배뱅이굿 *
세상에 날려 보냈네

흥도 좋고
곱사춤도 얼씨구
못다 한 핏줄 명맥
이제 사 세상에
외쳐보네
소리인생 구십 년
신 불출* 이은관.

*구중궁궐九重宮闕 : 높은 담 *설한雪寒의 : 폭풍우가 몰아치고 눈이 오는 추운 겨울
*권 본 : 기녀들의 모임 *배뱅이 굿 : 서도소리의 하나 *불출 : 멍청이, 못난이
*꽃가마 타고 (은유법으로 묘사를 혼자서 가는 것이 아니기에) 한식혼례

새해 첫눈

태동의 소리
태초의 모습도 그러했으리
하늘 문이 열리는 순간
장엄함이 솟는구나

산천은 큰 대자로 누운 채
세월을 깁던 시간을
안기라 하고
우뚝 선 나무가
용트림을 하니
흰 미소가 날리고
희망이 날리고
삶이 날리나니
붉은빛이 활활 타오른다

어쩌면
저 속에
몸을 쌓고
마음을 쌓아
새날을 만들어가니.

영점인생

눈앞에 토해낸
시간을 지워가며
1보다 작은
내 이력의 전부다

천만번 더 훑고 지나간
발자국을 세어가며
뺄 것도 더 할 것도 없었던
영점 인생을

날 때부터
다 가진 사람 있다 한들
무엇이 두렵더냐!
이제부터 시작이란다

꿈틀대는 지렁인들
숨구멍이 없다더냐!
삶이란
그 어느 것 하나
소중하지 않은 것이 없거늘.

비틀거리는 거리

절대 궤도는 아랑곳
하지 않는 밤의 광란
이에 오른 순조마저도
다 져버린 듯
어둠의 빛이 흔들린다
하얀 각질마저도
긁어내지 못해
한 번쯤은 오물을 쏟아내고
싶었는지
반 토막 걸린 그림자를
질질 끌고
허옇게 새어나오는 새벽이
되어서야 벗어날 것이다.

영업은 마음속으로 들어간다

삶을 위해
명성도 인기도 버렸다네!
한때는 가수였던 그
그 꿈 한껏 다 펼쳐 보지도 못한 채
접었던 날개
또 다른 삶을 위해 펼치고
날아올랐다네
옥탑방에서 거리로
거리에서 옥탑방으로
되돌이표처럼 돌아오는
삶의 무게와 책임은
혼자 지고 가기에는
무겁고 힘겨웠지만
움츠린 인생의 벗이 되어 준
단 한마디
영업은 마음속으로 들어간다

인생역정의 심오한 호흡을 뿌리며
시인도 영업 한번 해 보면 어떨까
어느 이름 있는 시인은
무명시인에게 이렇게 말하네.

"여름이 채 가기도 전에 매미는
제 외로움을 온 천하에 외치고
해 뜨면 곧 날아갈
제 슬픔을 비는 온 종일 많은 눈물로 뿌렸네!
아무 때나 짖어대는 저 개
사랑이 궁하기로서니
저렇게 마구 꼬리 흔들 일은 아니었네
그 바람에 새는 가지와 가지 사이를
너무 빨리 지나쳐 왔네 !

저녁이 오기도 전에 바위는
서둘러 제 몸을 닫아 버렸네
입 꾹 다물고 있었으면 좋았을 걸 !
붙잡던 손길 다 뿌리치고
물은 아래로 저 아래로
한없이 흘러내려 가네!
천둥의 잘못은 너무 큰 소리로
제 가슴을 두드리며 울부짖은 것이네
시인의 잘못은
제 가난을 밑천으로
너무 많은 노래를 부른 것이네."

무명시인으로 묻혀간 영혼을 달래기 위해
시인도 영업을 시작해야 할 것 같네
가난을 떨기 위해….

오늘은 광대가 되고 싶다

이놈, 저놈
눈치만 보는 광대 놈이
무얼 안다고
속절없이 삿대질이나 해대는 저놈은
선비 놈이냐 상놈이냐

벗겨보면 탈속에 얼굴
이놈, 저놈 그 나물에 그 밥인걸!
어찌하여 잘난 척하는
놈만 여기 있느냐!

저승으로 갈 때는
빈 지게 지고 갈 놈이
철이라고는 약에 쓸래도 없는 광대 놈이

그래도 마음 하나는 편하겠구나!
똥 싸는 놈이나 대변 싸는 놈이나
이놈, 저놈 그놈이 그놈인데
누가 더 잘나고, 누가 더 못 났다더냐!

똥 싸는 놈 친구 하면
땅위에 꽃 피우고

대변 싸는 놈 친구 하면
양변기 똥은 어디로 갈까?

기와집 오는 비는 소리 없이 울고
양철집 오는 비는 소리 내어 운다
너는 어느 집에 사느냐!

아, 신명 나는 세상
언제나 살아 볼까?

검은 꽃

-구제역-

열리지 않는 대문 앞에 서서
깊은숨을 토해 낸다

그동안에 시간은
잠들기라도 하듯
세상이 차다
좀처럼 분별력이란 놈은
어디로 갔는지
진정 우리가 안고 갈
더 이상은 무엇인지

억겁이 쌓여가는
한켠에 아픔과 굴절로
얼룩져 비치는 시간이 탄다.

책
-인생 나들이-

국어사전 단어 몇 개 찾던 시간
탯줄을 끊고
울음을 터트린 순간부터
세상이란 놈을 만났다

삶이 늘 그랬듯이
아픔과 즐거움은
아무 일 없었다는 듯
내 머리 위엔 하얀 꽃이 피어있고
석양에 지는 해를 따라
함께 물들어 가니

아마도 내 별명에 맞게
부지런한 놈이였던 것 같다.

개교 60주년

아! 60년의 역사
빛이로다
시간을 달린 발자국마다
그리움이 된 삶이었다

꿈이란 하늘 아래
마음과 마음이 빚어낸
웅비 사해를 상징하는 교표 아래

선구자정신을 상징하고
자연에 소박함을 지닌
끈기와 강인한 정신력으로
숨 가쁘게 달려왔다

“자란산* 기슭에 드높이 솟아
아침 하늘 태양처럼
찬란한 학원”
교가의 한 구절처럼
숭고한 얼이 숨 쉬는
자랑스러운
이 고장의 명문

슬기롭고 희망찬
우리의 밝은 미래를
교우들이여!
동문이여!
길이 빛날지어다
역사 속에 영원무궁 찬란한 빛으로.

* 자란산 : 평택지역에 있는 산
* 평택고등학교 교가 한 구절(유홍렬 작사)
* 시작노트 : 2012.10.3 개교60주년 행사에 부처

제 2 부

청산에 향연

청산에 향연

덧없이 떠돌던
바람이 달려든다

꽃이 지고 나면
열매들이
밤을 꼭꼭 동여매겠지
고단한 몸과 마음을
털어 내기 위하여
돌아온 길을 풀어놓는다

이제는
유채꽃 향기 가득 채운
고요한 바다
황소가 길을 찾는
그곳의 향연에
머물고 싶다.

아내의 흔적

내 안에 아내는
봄 들판에 번지는 쑥 같고
가을 귀뚜라미보다
더 가냘프게 우는
사랑이어라
캐어도 캐어도 아주 캐어 지지 않는
칡뿌리 같은 아내의 흔적을
늘 가슴에 매달고
살고 있다.

동해의 모습

동해
넓게 널어놓은 백사장엔
내 어릴 적 꿈이
오밀조밀 다 모여
나를 비추고 있네

묵묵히 걸어온 여유와
낭만을 간직한 채

언제부턴가
내 앞에 펼쳐진
하늘과 바다 사이로
주름 하나 얹히게 될
그 시간 뒤로 너를 품으리.

왕게

바닷길 따라
허리를 휘감은 물길은
자연을 빚고
유년을 빚어
도시를 열었다

사람과 사람이
만나 함께 사는 곳
그곳엔 한 폭의 풍경화가
숨 쉬고 있다
떠나간 동심들이
언제나 가슴 한켠에
자맥질하던
그곳에는.

목장에서의 하루

출렁이는 초원에
내 딛는 발길마다
푸른 융단을 깔아놓은 듯
동화 속에서 헤맨다

한가로이 풀을 뜯는
소들의 여유로움이야말로
자연이 준 선물이다

저 멀리 날아오르는
새들의 합창소리
목동은 온 세상을 가득 담고
초원과 한몸이 되어 뒹군다

옛 시절이 그리워
찾아든 하늘 아래 목장
여기엔 내 유년이 있고
친구가 있고
마음은 추억 속에 빠져든다
추억 속에.

친구의 병가 일지

도심 속 숲 속에
바람 소리
물소리
그리고 새 한 마리
꽃향기 노니는
그 숲 속에 채 피어나지
못한
외로움을 타는 친구
친구의 긴 한숨이
나뭇가지 위에 얹혀
하루해를 파먹는다.

양파껍질 속의 연가

겨울잠 자고 깨어난 이파리
붓끝처럼 엷은 잎이
하늘을 본다
갓난아기 손처럼 부드럽고
젖살 오른 아기 볼처럼 통통한
하얀 속살
구름 걷힌 하늘빛에 물들었다

벗겨도 벗겨도
한결같은 하얀 속
아무리 들여다보아도 알 수 없는
그대의 마음을 닮았다.

남은 한 장

한숨 한 장
그림자 한 장이
마른 벽에 매달려
달랑거린다
벽걸이도 되지 못하는 대못처럼
가슴을 툭툭 쳐댄다
떨어내지 못한 모자람인 것을
뒤로 한 채
그 모자람을 채워줄 남은 한 장
한 줌을 펴리라.

이슬

이슬은
어머니의 눈물
어머니의 눈물인
이슬은
밤마다 찾아와
그리움을 적신다.

사랑이란

기억도
생각도
기쁨도
슬픔도
행복도 묻지 않기!
가는 길
그 사랑에 너무 빠져
이별할 줄 모르고
외로운 꽃잎처럼
피었다 지면
다시 피지 못할
시들은 꽃잎에
향기만 풍기네
호숫가에 비치는
별 밤처럼.

내가 울면 너는 바다가 되어다오

내가 울면
너는 바다가 되어다오
내 눈물 삼키어
바다가 된 너의 집에
닿게 하리

미처 해보지 못한 사랑을
빚어내어
저 바다 지평선까지
수없이 부서져 내린
저 파도까지

정녕 사랑하고 싶었노라고
정녕 그리워했노라고
그 한마디 못했어라

내가 울면
너는 바다가 되어다오
나와 함께 울
바다가 되어다오.

님이여

마른 바람이 흩어진다
마을 어귀를 지나
무딘 발걸음을 옮길 때마다
소리가 난다
그의 살 냄새
그의 웃음소리
무엇으로도
채울 수 없는 것들
곧 어둠이 올 것이다
길에 묶지 않는
그림자처럼.

* 님/임

비 오는 날에 님의 시를 읽으면서

비 오는 날을 유난히
싫어하는 사람
그는
우산을 사지 않는다

그는
세상을 바라보는 눈이
세상을 살아가는 사람들의
밝은 마음을
빨랫줄에 말리지도
아님
세상 모든 일도
답답한 마음도
세차게 내리는 빗줄기 따라
흘러내린다

난
그를
세상에 하나밖에 없는
빛 속에 한줄기 비로
간직한다.

아들이 대학 가던 날
- 늦은-

부모 무덤가에
시묘 살이 삼 년의
시간만큼
한 세기 삶을 뒤돌아보며
아내도 자식도
빙 둘러앉아
기쁜 눈물을 찍어 낸다
비 오면 비 맞고
눈 오면 눈 맞으며
부모의 묘비명 앞에
다정히 웃음 짓던 날을
회상해 본다

경인년 동짓달 열여드레
수능장앞에서 자맥질하던
그 시간을 한순간에 다 잊고
아들의 타들어 갔을
마음을 생각하니
나도 어쩔 수 없는 평범한
부모였던 것을.

장작불

그 옛날에
옹기종기 모여 앉아
재 속에 추억을 묻고
가마솥에 쇠죽을 끓이고
화롯불에 고구마를 구워먹던
겨울밤을
할아버지 담뱃대에서
흘러나오는 이야기꽃.

딸 아이 시집가던 날

구름 한 점 없는 하늘엔
축복이라도 내리듯
하얀 꿈을 뿜어낸다

목구멍에 다하지 못했던
말의 말들을 꿀꺽 삼키며
세상에서 제일 큰 선물이
이런 것이 아닐까 싶을 만큼
가슴이 벅차오른다

그동안 잘 자라준 딸아이가
대견스럽고 사랑스럽다던
아내의 눈가엔 이슬이 흘러내린다

왜 아니 그렇겠는가!
주어도 주어도 부족하다는
아내의 마음을 알기에

그런 부모의 마음을 아는지 모르는지
딸아이 화한 미소를 보며
행복해진다.

두레박

세월의 얹혀진
그때 그 시절
손끝에 매달린 두레박
동생의 얼굴이 둥둥 떠 있고
내 꿈이 떠있던
그림자 같았던 그 시간 뒤로
내가 아버지 되었고
내 자식들이 그 자식을
키우며 산다.

가족사진

설움이 북받칠 땐 당신을
마음이 아플 때도 당신을
생각했습니다

그렇지만
기쁠 때만은
당신을 잊고 있었습니다

지쳐버린 삶에서 미소를 찾고
자식만을 위해
온갖 심혈을 기울이시던

날아가는 새들마저 제집을 찾아들고
별들도 고이 잠드는 한밤중
오늘도 당신의 사랑이 그리워
보지도 못하고
알지도 못하는
당신의 뜻을 생각했습니다

이제야 당신의 모습을 봅니다
당신의 하얀 미소를.

호국원에서
- 아버님 떠나시던 날-

역사 속의 한 장르를
채우지 못하신 채
당신은 저희 곁을 떠나셨습니다
하늘도 울고
땅도 울던
이 순간을 뒤로한 채
이제껏
마음 놓고
소리 한번 쳐보지 못하셨을
나의 아버님
이제 모든 한
분단의 기억 60년
다!
저희에게 맡겨 주시고
먼발치에서나마
당신의 의연한 꿈
이루소서!

출렁이는 백두산白頭山

옥빛 물결 품은 봉우리
한민족 기상으로 솟은 백두산

어디가 물빛이고
어디가 하늘인가

오천 년 세월이 빚은
우리의 명산이네
먹구름아 비바람아
다 멈추어다오
저 환한 햇살만 비추어다오

이렇듯 천리만리 돌아왔으니
오늘 보지 못하면
언제 다시 오겠느냐

눈이 부셔 뜰 수 없고
눈이 시려 볼 수 없네

여기는 뉘의 땅이고
저기는 뉘의 땅이란 말인가

이 산마루 위에
태극기 꽂고
아! 대한민국
목청 높여 네 이름 부를 수도 없으니

아아~
잊어버린 조국산하祖國山河
조국의 아픔이여!
조국의 슬픔이여!

*2008. 7. 1 백두산白頭山 천지에서

허리 잘린 북녘 땅

능선 위로
바라보는 북녘땅

33년 전
병영의 길을
수호하던 곳

앞에 놓인 철조망을
사이에 두고

동족상잔의 비극을
엄호 하던 곳
지금은 비목이 되어
영혼을 달래고

허리는 잘리어
얼굴을 붉히고

북한강 사이에 두고
가깝고도 멀어라.

*2009.여름

제 3 부

세월을 빗는 사람들(청송)

세월을 빗는 사람들 (청송)

오랜 세월
흔적을 찾아
꺼지지 않는 시간을
한 올 한 올
꿰매는 사람들
계절과 계절 사이 오가는
자연을 빌려
옷감을 짜내고
용기를 빚어
가슴에 담아낸다
손끝에서 손끝으로
전해오는
제 몸 일부를
내어주는 사람들
아마도
그들에겐
천 년을 산다 해도
그보다 더
행복할 삶이 있으랴.

찔레

숲에서 소녀는
꽃이 되고 싶었네

빠알간
산딸기 한 알
따먹고
꽃이 되고 싶었네.

아무도 노래 부르지 않고
그냥
떠나버리는 가을

소녀는 홀로 남아
꿈마다
빠알간 꽃이 되더니

어느 날 갑자기
하얀
찔레 되고 말았네.

시작노트 : 철없던 학창시절에 시의 첫선을 보이던 1980년 어느 가을날 캠퍼스에 걸린 시 하나 인생의 잣대를 시로서 펼쳐 보이던 그 시절 시인의 길을 꿈꾸며 적어 놓았던 이 한편의 글이 시인의 길로 오고 말았다.

봄의 향기

꿈을 빚는 하늘 끝에
아우성치는 것들이
덧니처럼 파고들어
온 산과 들에 쏟아 낸다
아직 서툰 몸을 꺼내
무슨 색을 칠해야 할지 몰라
망설이는 바람에 다가가
손 내미누나.

봄의 의식

바람을 쓸어내다
마당에 던져 놓았던
동심들이
햇빛을 부수고 나왔다
애타던 마음을 아는지
모르는지
익살 웃음으로 답한다
어느 날
온 세상을 붉게 물들일
순박한 여인
창문을 두드려 대겠지!

봄비

달착지근한
입술 사이로
누군가 부르기라도 하듯
하늘에서 땅까지
긋는
빗금들….

천둥과 번개

밤늦은 시간
하늘에 파열음이 인다
침묵은 쫙 금이 간다
마치 구멍이라도 뚫린 듯
진흙탕 물소리가
산 전체를 집어삼킬 듯
내려꽂힌다
밤새 어지러이 펼쳐진 것들
아침이 되어서야
아무 일 없었다는 듯
빛이 보이기 시작한다.

어머니의 땅
-덕유산-

소리 없이 흐르는 세월
대지는 봄의 기지개를 켠다
태초의 땅
자궁 속 기억이 나를 이끈다

덕유산 향적봉
구천동과 상고대
구리향천으로 흘러드는
어머니의 땅

노송과 단풍은
천 년의 향연을 만들고

자궁 속에 잉태한
머루 와인 동굴
어머니의 땅.

가을비

지난밤 가을비에
꽃잎이 떨어졌다
어디 꽃잎뿐이랴
어디서 날아왔는지
가을 편지 한 통이
정원에 내려앉아
속삭인다
코스모스와 국화꽃 핀
정원에서.

할미꽃

겨울잠을 깨었나!
봄볕도 무거운 아기
할미꽃

할비*는 어디 가고
할미만 홀로 있나

하늘 한번 못 보고 산
우리 할미 한평생

굽어 굽어서 기다리는
무덤가의 할미꽃.

* 할비 : 할아버지

가을에 보내는 편지

자연의 햇살 받으며
푸른 이의 자태를
그리도 뽐내더니

이제는 조금은 지쳤나 보다
얼룩이진 네 모습도
그리 멀지 않았나 보다

그곳에 주저앉아
어디서든 꺼내면 얼룩으로
물든 흔적뿐이네!

지난밤 가을비에

지난밤 가을비에
바람결이 차다
옷깃 여미며 나선 출근길
정원에 핀 코스모스와 국화꽃
가을이 왔어요!
낮은 목소리로 속삭인다

코스모스 하늘거리는 몸매
바람이 흔들고 지나가고
뽀얀 속살 내밀고
환하게 아침을 밝히는
국화꽃 향기
코끝 간질이며 지나간다

아직 잠에서 덜 깬
고추잠자리
영롱한 햇살 이불 덮고
죽은 듯 잠들었다

푸른빛을 삼킨 황금 들녘
청명한 가을 하늘 아래
더욱 눈부시게 빛나고
제멋대로 나뒹구는 낙엽
발자국과 함께 누웠다.

겨울이 오는 소리

간밤에 비가 내리더니
가을이 몇 발자국 앞서 가네

나뭇잎이 흩날리는 거리
바람 소리도 거칠어졌네

겨울은 그렇게 오는 것인가
밤새 머리 위에 눈을 이고

어느 날 갑자기
하얀 손님으로 왔으면 싶네.

겨울비

계절을 잊고 시심으로 핀 꽃
사랑도 흔적도 움켜쥔 채
온 세상을 덮는다

삶의 소중함을 쥐며
수채화 핀 공간을
바다는 그렇게 그리움을
묻어버렸다

몇 점 떨어내지 못한
시간을 뒤로 한 채.

제 4 부

휴休, 쉬어가리라

휴休, 쉬어가리라

고독한 시인이 머물렀고
아직도 옛날 소금밭을 일구며
바닷가 절벽의 고립된 사찰에서
불심을 닦는 사람들이 모여 사는 곳

솔 향기 그윽한 '안면 송' *
은빛 모래밭에 세월을 묻으며
바다와 바람 사이에
긴 금을 그으며 뻗어 있다

백사장 포구부터 곱고
단단한 모래가
사막처럼 광활하게 펼쳐진 삼 봉
갯바위와 자갈이 많아
아기자기한 방포해수욕장

멀리 보이는 일출의 절경이라
기암절벽에 걸친 절
낙조가 저가는 저녁이면
짭조름한* 바다 냄새와
그리움이 가슴에 와 안기누나!

*안면 송 : 안면도의 금강 소나무
*짭조름한 : 짭짤한

경포대

강릉
중앙공동어시장
어류 갑판장에
문어, 오징어
해물이 장사진을 치고
손님을 기다리네

어릴 적 내 친구들
다 모였네

문어를 벗 삼아
술 한잔 해보세

오징어를 벗 삼아
술 한잔 해보세

경포 해변
장송의 그늘에서
추억 한 잔 마셔보세.

두물머리

일몰과 설경을 고루 두른
세월의 전설을 안고
느티나무가 서 있다
북한강과 남한강이 만나
먼 시간이
잠에서 깨어난 듯
연둣빛 율동으로 달려오고 있다
어린 시절 추억을 안주 삼아
걸쭉한 막걸리 한잔에
해가는 줄 몰랐던 그 시절
어디 그뿐이던가
천 년 고찰의 웅장함을
바라다보면
숙연해지는 아릿한 마음
떠나고 돌아온 그 모두에게
두물머리
그곳엔 언제나
한 연인이 서 있다.

모이다. 바람 앞에

신선이 살아 푸르다 했다
혹은, 푸른 나무가 많아
그 이름이 붙었다 했다
바람을 따라 걸어온 나그네는
그대로 취해 머물고
골짜기마다 누운 돌 앞에
근심 걱정 다 내려놓아도
좋을 것 같다
그렇다 다 열리고 닫힌
하늘 아래 머문 곳
병풍처럼 둘러쳐진
아련한 운무가
곳곳에서 살아 숨 쉬는
옥구공원 풍광에
넋을 잃는다.

오서산과 궁리 해변

계절을 잊고 시심으로
핀 꽃

사랑도 흔적도 움켜진 채
오서산을 덮는다

삶의 소중함을 쥐며
반 토막 남은 햇살 아래
바다는 그렇게 그리움을
묻어버렸다

몇 점 떨어내지 못한
시간을 뒤로 한 채.

홍원항 야유회

홍원항 야유회 날
비님이 오시네
만나는 얼굴마다
반가움과 즐거움
보고 또 보고 그리웠던 마음은
시간을 건너 왔네!

한 잔 술이
발그레하게 피우는 꽃은
긴 시간을 거슬러
속세의 비탈진 고갯길을 오르고

다정한 속삭임과 함께
익어가는 가을 들녘
석양을 머금은 파도를 보며
하루의 약속을
저녁놀 빈자리에 앉히고
친구여
한 잔 술에 우정을 채우세.

초록빛 풍경

눈앞에 펼쳐진 남쪽의
푸른빛이 달려든다
실타래처럼 풀리는
봄빛을 따라 떠난
신비의 섬

소가 누워있다 하여 우도라 했나
모세의 기적
하늘길 열리는 풍광을
맛보기 위해
상춘객들의 발길을 멈추게 한다.

저 멀리 대마도가 보이고
여덟 봉우리* 합쳐진 산
천등산 중턱에 자리한
비자나무 숲은
푸르름*을 더하고 소록*도
등댓불은 오늘도 바다를 지킨다.

*여덟 봉우리 : 팔영산
*푸르름 : 푸름
*소록 : 어린 사슴

황도

순수한 시골 처녀
벌거벗은 내 모습
순한 바다와
농어촌의 가옥들과
함께 어우러진다
바다를 정경으로
길게 늘어진 펜션들을
뒤로 한 채 걷다 보면
한 폭의 풍경화를 만난 듯
가슴이 벅차오른다

일출과 일몰
동시에 볼 수 있는 곳
서해안에서의 일출이라
아름다운 풍광
그곳에
나의 친구
황도가 있다.

신두사구와 휴양림

모래언덕
전 사구
사구 초지
사구 습지
사구 임지가 있는 곳
세상을 잊고
솔 향기에 취한다
하늘을 향해 뻗은
야트막한 숲에
천 년을 이어온 노송
길을 따라 호젓하게
혼자 걷다 보면
몸과 마음은 내려앉아
여유로움에 취한다.

목계나루

옛 전설이
주저리 열리고
나룻배가
강물을 나르던 곳
수운의 중심
가슴 어리던 중원
계절마다
옷깃을 여미고
홀연히 나부끼는 바람 소리에
계립령과 죽령
새재 길이 여기로 이어지고
옛 시절의 향취를 담은
뱃사공의 노 젓는
모습이 아련하다
지금
그곳의 솔밭과 장터
시비만
홀로 남아
평화로웠던
그 시절을 그려본다.

물이 나무를 품다

물 위로 뛰어오른
물고기 떼를 따라
노를 젓는다
한적한 암자를 향하는
노스님과 동자승의
발걸음이 가벼워 보인다
바람도 포용한 품속
쭉 늘어선 나무들이
그림자를 내어주고
물이 나무를 품듯
뼛속까지 스며든
몸도 마음도
꿈을 꾸듯
물고기가 되어 노닌다.

용추계곡

강둑을 따라
옛 생각에 젖어
걷다 보니
바람이 머문 자리에
물안개가 그림자처럼
피어오른다
여름엔 연꽃이
그리움을 자아내고
계곡물은 세월에
부딪치고 부서져
강을 이루고
잠시나마
고달픔을 잊게 해준
그곳 정취에 젖어본다.

하늘재와 미륵사지

굽이굽이
굽은 길마다
저마다 얽힌 사연
하나씩 감싸 안은 채
넘나들던 옛길
고구려의 온달이 넘고
금강산으로 간
마의태자도
고려 공민왕도 넘던 고개
하늘재

격전의 역사를
부처의 미소로
끌어안은
월악산 자락에
천 년 전 역사가 전해온다
부처의 마음처럼
자애로운 미소를
간직한 채.

모악산과 김제벌

하늘 한가운데
숱한 날을 흘려보낸
그댄 진정 문명에 밀려
셔터를 켜댄다
황량한 벌판과 맞댄
호남평야에
숱한 밀어들이 소곤대는 곳
살아 있어 부서지는
빈 들판 속으로 빨려 들어간다

해가 진다
해가 진자리에
수난의 흔적을 담은
바람이 풍요를 핥는다
아- 서럽도록 그리운
눈이 베이고
붉은 태양 아래 따슨*
그대는
하늘이 내린 천혜로구나.

* 따슨 : 따뜻한

숨소리조차 희미한 숨어 우는 바람 소리에

숨어서 우는 바람
숨소리조차 희미하다
태양은 하얗게 웃고 있지만
온종일 굶주림에
헛기침을 하다
해 질 녘 산마루에 걸려
떨어지는 꽃처럼
속절없이 진다

깃털 하나 날려 보내듯
서글픈 삶을
뉘라서 알겠는가

정리해고, 파산, 무수한 말
이제 현실로 다가오고
밀물로 몰려오는 저 슬픈 함성
그대들은 듣는가

간절히 바라노니
이 한 몸 불살라 희망의 꽃이 핀다면
피지도 못한 꽃봉오리들을 위해
타올라도 좋으리.

기다려도 기다려도
끝이 보이지 않는 삶
숨가삐* 달리느라
이제는 지쳤는가!
세상 가장 아늑한 품속으로
갈 수 있게 내버려 두게
해도 달도 쉴 수 있는 고요 속으로
갈 수 있게 내버려 두게

한 줄기 희망의 빛을
찾아 떠나려는 너에게
이렇게 끝날 것을 왜 시작했느냐고
묻지는 않으려네
그저 안녕히.

*숨가삐 : 숨 가쁘게

갈대꽃이 피었네!

궁륭아래 펼쳐진
하얀 세상이 열렸구나!
가슴 안에 울렁이는
드라마 같은 세상에
몸은 붕 떠 마음은
허허롭구나!

땅을 밀어 올린
순천만 자락에
피처럼 피는 사랑아
때론 순수하고
때론 헐렁했던
그대에게
화아한* 마음을
전하고 싶구나!

*화아한 : 화사한, 환한

무등산 옛길

황소걸음 길
김삿갓 흔적에
시심을 키웠고

옛 주막 터
아늑한 휴식처
목이 말라 한잔하고

비 오는 날
동양화 화폭을 담은 가을
원초의 서석대瑞石臺 무아지경의 길

편백나무 숲과
마음으로 대화하는 중봉 삼거리
이정표와 만남

천연기념물 서석대瑞石臺가
구름 위에 앉았네.

수채화 핀 날
그 모습이 아름답다.

정원

커튼을 열면
창밖으로 보이는 정원

꽃으로 피어나기 위해
봄부터 햇빛에 제 몸 달군
백일홍 붉다

푸름으로 꽃잎 받아 든
나뭇잎 이불 삼아
매미도 울고
귀뚜리도 울고

백일홍보다 더 붉은 장미는
그 옆에서 수줍다
세상이 온통
붉은 노을이다.

들꽃

바람에
노니는 사이사이
고통을 잊고
품어내는 향기
스치는 바람에도
화아한*
미소를 날리며
허공에 빛을
내려놓는
그대는 영원한
들꽃이어라.

*화아한 : 화한, 환한

감자

별 밤에
스쳐 가는
소슬바람
해도
달도
강물에
빠
지
고
젖살 오른
시골처녀.

복숭아

뽀오얀*
젖살 오른
얼굴

터질 것 같은
향긋함이 묻어나

마음먹고
바람 먹고
수줍은 듯 내민
붉은 모습이
마치
햇덩인 듯 싶다.

*뽀오얀 : 뽀얀

시詩는 바람이어라

시詩는 바람이어라
고마워
미안해
사랑해
감사해
자연의 찬미이다

그려내는
애환도
즐거움도
슬픔도
모두를 함축해도
싫지 않은 아름다움이
바람 속에 묻어 있다.

숙성된 시詩는 아름답다

풋내보다는
숙성된 것이 아름답다
조상들이 먹던
삶의 뿌리를
나물과
숙성된 김치가 어우러져
맛있는 밥상이 된다

자연이 준 과일에
해와 달
물과 공기
바람 한 자락

잘 지어진 밥상처럼
묵은 지가 되어
맛의 조화를 만들어 낸다.

제 5 부

작품해설

서정적 자아와 시공時空의 진실

1. 고향 애환으로 함축된 사랑학

현대시에서 시인의 체험이 이미지로 승화해서 다양한 주제로 형상화하는 것은 어쩌면 당연한 것인지도 모른다. 이는 체험에서 여과濾過된 상상력이 창조적으로 생성하는 모든 요소가 회상回想된 체험에 그 기조基調를 두고 있기 때문이다.

대체로 현대시의 위의威儀나 본령本領에 대한 지향점을 살펴보면 이와 같은 체험의 중요성을 강조하면서 시정신에 부합附合하는 주제를 투영하는 경향으로 시적 구도나 언어의 분사噴射에 그 시인의 사유思惟의 초점을 설정하는 예를 흔하게 대할 수 있음을 알 수 있다.

여기 청암 방효필 시인이 상재하는 첫 시집 「바다에 뜬 달을 딴다」의 시편들은 이러한 경험적인 상황들이 작품의 발상 동기가 되거나 소재로 혹은 주제로 현현顯現되는 보편성에 그 시적 정황情況-situation을 탐색해 볼 수 있을 것이다.

이는 그가 시적 동기나 영감靈感의 원류源流는 그가 성장한 고향의 애환과 거기 포괄된 어머니, 가족 그리고 추억의 대상이 되는 장소 등이 함축含蓄하는 사랑학에 그 기반을 두고 있다는 점이다.

그는 작품 「회고」에서 '바람과 싸운 세월의 흔적들이 / 내 살과 뼛속에서 / 그림자처럼 웅크리고 앉아있다.' 는 시간성에서 그 '소년' 은 '문우의 길을 스쳤던 날들 / 스산한 마음을 채우려 / 뒤척이던 밤도 흘렀을 터 / 내 영혼을 어쩌지 못해 / 어설프게 문학 문을 / 두드렸다 / 명성을 얻은 이름이여 / 이제 남은 / 꿈같은 시간은 / 마음속에 등불로 남아 / 뒤돌아보게 된다.' 는 어조語調로 보아서 그가 '문우의 길' 과 '영혼' 의 융합融合이 바로 삶의 길(인생)이라는 신념을 확고하게 정립한다.

그렇다면 방효필 시인이 구가謳歌하려는 고향 이미지는 어떻게 나타나고 있는가. 이 시집의 표제시表題詩가 되는 「바다에 뜬 달을 딴다」에서 알 수 있는 바와 같이 '지난 날의 흔적' 을 중심으로 해서 전개되는 향수의식은 '대문도 없는 마당에 들어서니 / 때 묻은 동생의 울음소리가' 애절하게 들리는 그의 시적 발상의 동기로 나타나고 있다.

이는 그가 '어느새 바다의 마음이 되어' 간 일반적인 정서로 고향을 회고하거나 회상하는 보편성을 초월하는 정감의 언어가 스며있어서 '고향'의 이미지를 다시 상기시키는 효과가 돋보이고 있다.

드나드는 길목마다
쏟아놓지 못했던
지난날 흔적들이
구석구석 박혀
뼛속 깊이 스며든다

꿈에서라도 보고 싶은 생각에
조바심을 내었던 마음은
어느새 바다의 마음이 되어가고
대문도 없는 마당에 들어서니
때 묻은 동생의 울음소리가
달려와 안긴다.

—「바다에 뜬 달을 딴다」 중에서

누이동생 떠나가던 길 위에
먼지만 날리던 아픔을 알더냐!

함박눈 내리던
어머니의 발자국이 찍힌
그 속에 발을 담그며
가슴을 지지던
그 시절이

언제나 샘물처럼 솟는다는 것을
알더냐

-「느티나무」 중에서

방효필 시인은 우선 '꿈에서라도 보고 싶은' 곳 '대문도 없는 마당'과 '때 묻은 동생의 울음소리가' 그가 그리워하는 고향에 대한 향수鄕愁이다. 그는 다시 '누이동생'은 '떠나가던 길'과 '어머니의 발자국이 찍힌', '느티나무'의 형상에서 진한 애환과 함께 함축된 '어머니'와 가족 간의 사랑을 절감할 수 있게 한다.

이러한 향수에 대한 사랑학은 그가 취택取擇하는 회상의 체험에서 '이 모두를 / 함께 섞어 뚝배기에 / 가득 담아 / 그 옛날 어머니가 그랬듯이 / 화롯불에 올려놓는다.(「뚝배기보다 장맛」 중에서)'거나 '가끔 드나들던사랑방舍廊房 / 목마른 사내들이 모여 / 텁텁한 막걸리로 목을 축이고 / 고개를 넘어 길을 따라 / 신작로 끝에 보이는 그리운 마을(「산하리 가는 길」 중에서)' 그리고 '창가에 서서 / 고향을 그리노라면 / 언젠간 돌아갈 그날을 그리면서 / 마음은 고향의 하늘가를 / 거닐고 있다.(「병영 일기」 중에서)'라는 어조와 같이 그가 간직한 고향 이미지는 다채롭게 현현되고 있음을 알 수 있다.

또한 이 향수 속에는 '어머니'와 가족들에 관한 사랑의 형상화는 '이슬은 / 어머니의 눈물 / 어머니의 눈물인 / 이슬은 / 밤마다 찾아와 / 그리움을 적신다.(「이슬」 전문)'는 '어머니'에 대한 사랑의 메시지와 '설움이 북받칠 땐 당신을 / 마음이 아플 때도 당신을 / 생각했습니다.(「가족사진」 중에서)'라는 그의 진정한 효심의 사랑학이 그의 시정신과 정서의 중심축을 형성하고 있어서 그가 시적 구도로 설정하여 진실을 탐구하는 향수가 심저心底에서 깊게 함축하고 있음을 이해할 수 있을 것이다.

2. 연가풍의 구도와 정감의 분화

방효필 시인은 다시 연가戀歌 풍의 시적 정황을 설정하고 실 생황real life과 직접적으로 체험되거나 형성된 실재實在들과의 교감交感이 바로 그리움이나 사랑의 근원으로 형상화하고 있다.

내 안에 아내는
봄 들판에 번지는 쑥 같고
가을 귀뚜라미보다
더 가냘프게 우는
사랑이어라
캐어도 캐어도 아주 캐어 지지 않는
칡뿌리 같은 아내의 흔적을
늘 가슴에 매달고
살고 있다.

—「아내의 흔적」 전문

마른 바람이 흩어진다
마을 어귀를 지나
무딘 발걸음을 옮길 때마다
소리가 난다
그의 살 냄새
그의 웃음소리
무엇으로도
채울 수 없는 것들
곧 어둠이 올 것이다
길에 묶지 않는
그림자처럼

—「님이여」 전문

이 두 편의 작품에서 일별一瞥할 수 있듯이 아내와의 사랑이 잊을 수 없는 흔적으로 현현되고 있으며 '마을 어귀'에서 '소리가' 나거나 '그의 살 냄새'와 '그의 웃음소리'들도 이제는 '무엇으로도 / 채울 수 없'다는 비감悲感이 섞인 그리움의 대상으로 시적 전개가 공감을 유로流路하고 있다.

그는 다시 이러한 연가의 집념은 그의 주변에서 생성하는 상황들이 그가 사유하는 정서의 깊은 계곡에서 한 줄기의 물줄기처럼 퍼져나가고 있는 것이다. 다음과 같이 형상화하고 있다.

벗겨도 벗겨도
한결같은 하얀 속

아무리 들여다보아도 알 수 없는
그대의 마음을 닮았다.

–「양파껍질 속의 연가」 중에서

기억도
생각도
기쁨도
슬픔도
행복도 묻지 않기!
가는 길
그 사랑에 너무 빠져
이별할 줄 모르고
외로운 꽃잎처럼
피었다 지면
다시 피지 못할
시들은 꽃잎에
향기만 풍기네
호숫가에 비치는
별 밤처럼

–「사랑이란」 전문

정녕 사랑하고 싶었노라고
정녕 그리워했노라고
그 한마디 못했어라

내가 울면
너는 바다가 되어다오
나와 함께 울
바다가 되어다오

–「내가 울면 너는 바다가 되어다오」 중에서

난
그를
세상에 하나밖에 없는
빛 속에 한줄기 비로
간직한다.

–「비 오는 날에는 님의 시를 읽으면서」 중에서

이제는
유채꽃 향기 가득 채운
고요한 바다
황소가 길을 찾는
그곳의 향연에
머물고 싶다.

–「청산에 향연」 중에서

도심 속 숲 속에
바람 소리
물소리

그리고 새 한 마리
꽃향기 노니는
그 숲 속에 채 피어나지
못한
외로움을 타는 친구
친구의 긴 한숨이
나뭇가지 위에 얹혀
하루해를 파먹는다.

–「친구의 병가일지」 전문

한숨 한 장
그림자 한 장이
마른 벽에 매달려
달랑거린다
벽걸이도 되지 못하는 대못처럼
가슴을 툭툭 쳐댄다
떨어내지 못한 모자람인 것을
뒤로 한 채
그 모자람을 채워줄 남은 한 장
한 줌을 펴리라.

–「남은 한 장」 전문

그렇다. 방효필 시인이 시정詩情에는 이처럼 안온安穩하고 정감이 넘치는 소재에서부터 연가적인 요소가 더욱 심금心琴을 울리게 하는 마력魔力을 풍기고 있어서 그가 지향하는 사랑의 메시지가 우리들의 공감영역을 확대하고 있다.

한편 그는 이러한 그리움이나 아쉬움 등의 보편적인 이미지도 감응感應의 감도感度를 상승시키고 있지만, 그가 특성적으로 탐색하는 유년에 대한 동심童心이 절절한 감성感性으로 많은 시적 탄력성彈力性이 할애되고 있다.

넓게 널어놓은 백사장엔
어릴 적 꿈이
오밀조밀 다 모여
나를 비추고 있네.

묵묵히 걸어온 여유와
낭만을 간직한 채
언제부턴가
앞에 펼쳐진
하늘과 바다 사이로
주름 하나 없히게 될
그 시간 뒤로 너를 품으리.

이 작품 「동해의 모습」 중에서 느낄 수 있는 바와 같이 시간성에서 반추反芻하는 '나' 는 '어릴 적 꿈' 이 동심의 세계에서 유영遊泳하고 있다.
이는 그의 사랑에 치우친 연가보다는 정갈한 '여유' 와 '낭만' 이 동시에 현현하는 시법을 주목하게 한다.

이러한 시법은 작품 「목장에서의 하루」에서 '옛 시절이 그리워 / 찾아든 하늘 아래 목장 / 여기엔 내 유년이 있고 / 친구가 있고 / 마음은 추억 속에 빠져든다.' 거나 「왕게」에서 '사람과 사람이 / 만나 함께 사는 곳 / 그곳엔 한 폭의 풍경화가 / 숨 쉬고 있다 / 떠나간 동심들이 / 언제나 가슴 한 켠에 / 자맥질하던 / 그곳에는' 이라는 어조가 그의 연가풍의 정감이 분화分化하는 절정에 이르고 있음을 이해하게 된다.

3. 서정성에 포괄된 동화同化의 범주

방효필 시인의 정서에는 고향과 어머니 그리고 가족 등에서 탐색한 사랑학의 여백餘白에는 우리들이 보편적으로 향유享有하는 서정성이 충만充滿해 있음을 간과看過할 수 없을 것이다.

그의 서정성의 범주範疇는 대체로 만유萬有의 자연에서 창출創出하는데 '들꽃' 등의 식물류라든지 시간성과 상관된 '세월' 혹은 계절적인 이미지가 주된 시적 상황으로 등장하고 공간개념인 여타 사물에서도 그가 서정성을 구가하고 있다. 이러한 자연과의 동화는 김준오 교수가 그의 「詩論」에서 언급한 바와 같이 자연의 인격화이다. 시인이 모든 자연을 자신 속으로 끌어와서 그것을 내적 인격화하는 것(동화-assimilation)과 반대로 자연 속에 자신을 상상적으로 어떤 다른 존재를 채우投射-poject는 두 가지의 방법으로 자연과 교감할 수 있다고 한다.

물 위로 뛰어오른

물고기 떼를 따라
노를 젓는다
한적한 암자를 향하는
노스님과 동자승의
발걸음이 가벼워 보인다
바람도 포용한 품속
쭉 늘어선 나무들이
그림자를 내어주고
물이 나무를 품듯
뼛속까지 스며든
몸도 마음도
꿈을 꾸듯
물고기가 되어 노닌다.

—「물이 나무를 품다」 전문

이 작품에서 알 수 있는 자연 사물은 물과 나무이다. 그가 간구懇求하는 서정에 대한 침잠沈潛의 깊이는 그가 상상하는 체험의 분화와 여과를 거쳐서 창출한 그의 서정적 자아自我의 확인이라고 짐작할 수 있다. 그리고 '한적한 암자를 향하는 / 노스님과 동자승의 / 발걸음이 가벼워 보인다.'는 어조는 유유자적悠悠自適의 이미지로 서정시抒情詩-lyric의 본령을 음미吟味할 수 있을 것이다.

바람에
노니는 사이사이
고통을 잊고

품어내는 향기
스치는 바람에도
화아한
미소를 날리며
허공에 빛을
내려놓는
그대는 영원한
들꽃이어라

—「들꽃」 전문

여기에서도 잔잔한 선율이 들리는 듯한 향취香臭가 풍긴다. '바람'과 '향기'와 '미소'와 '허공'이 서로 대칭이면서도 각개各個인 '들꽃'의 이미지는 무한으로 추출할 수 있다. 또한 '허공에 빛을 / 내려놓는 / 그대'라는 화자가 바로 '들꽃'의 화신化身임을 이해하게 한다.

달착지근한
입술 사이로
누군가 부르기라도 하듯
하늘에서 땅까지
긋는
빗금들….

—「봄비」 전문

지난밤 가을비에

꽃잎이 떨어졌다
어디 꽃잎뿐이랴
어디서 날아왔는지
가을 편지 한 통이
정원에 내려앉아
속삭인다
코스모스와 국화꽃 핀
정원에서

—「가을비」 전문

계절을 잊고 시심으로 핀 꽃
사랑도 흔적도 움켜쥔 채
온 세상을 덮는다

삶의 소중함을 쥐며
수채화 핀 공간을
바다는 그렇게 그리움을
묻어버렸다
몇 점 떨어내지 못한
시간을 뒤로 한 채

—「겨울비」 전문

방효필 시인에게서 인지認知할 수 있는 서정의 세계에는 계절감각이 명징明澄하게 나타나고 있는데 그중에서도 '비'에 관한 이미지를 즐겨 적용하는 습성習性을 읽을 수 있다.

이 '봄비'의 경우 새 생명의 탄생을 예견豫見하는 '달착지근한' '빗금들'이 그어지고 있다. '가을비'에 '꽃잎이 떨어졌다'는 어조는 그 낙화가 결실結實과 고독함의 메시지로 양면성을 이해할 수 있는데 이는 현실적으로 어떤 갈등의 이미지가 포함된 것으로 이해하게 한다.

마지막 '겨울비'는 '삶의 소중함을 쥐며 / 수채화 핀 공간을 / 바다는 그렇게 그리움을 / 묻어버렸다'는 주제가 전해주듯이 '계절을 잊고 시심으로 핀 꽃'은 '사랑도 흔적도' 덮어 버리는 아쉬움을 절규絶叫하고 있다. 이러한 시간적(계절)인 이미지의 결합은 우리들의 삶의 한 축과 유사類似한 상징성을 부여하는 정감이 다채롭다.

이 밖에도 「봄의 향기」, 「봄의 의식」, 「가을에 보내는 편지」, 「지난밤 가을비에」, 「겨울이 오는 소리」, 「세월을 빚는 사람들」 등의 작품에서 계절감을 만끽滿喫할 수 있는 시적 상황과 어조를 느낄 수가 있다.

4. 여수旅愁에 잠긴 정서의 향방向方

방효필 시인은 '휴休'에 관한 개념을 시적 구도로 도입한 작품들이 많이 선보이고 있다. 이는 전국을 유람한 기행시紀行詩의 총집합으로 풍물風物과 풍광風光이 깃들인 서정성을 탐구하는 시적 효용效用을 읽을 수 있게 한다.

그가 탐방한 곳은 전국이다. '하늘재와 미륵리 사지 부처의 마음처럼 / 자애로운 미소를 간직한 채', '목계나루 홀연히 나부끼는 바람 소리에 / 계립령과 죽령 / 새재 길이 여기로 이어지고 / 옛 시절의 향취를 담은 / 뱃사공의 노 젓는 / 모습이 아련하다', '황도 바다를 정경으로 / 길게 늘어진 펜션들을 / 뒤로 한 채 걷다 보면 / 한 폭의 풍경화를 만난 듯 / 가슴이 벅차오른다.'는 정경情景이 다채롭게 현현되고 있다.

백사장 포구부터 곱고
단단한 모래가
사막처럼 광활하게 펼쳐진 삼 봉
갯바위와 자갈이 많아
아기자기한 방포해수욕장
멀리 보이는 일출의 절경이라
기암절벽에 걸친 절
낙조가 저가는 저녁이면
짭조름한 바다 냄새와
그리움이 가슴에 와 안기누나

—「휴(休), 쉬어가리라」 중에서

하늘을 향해 뻗은
야트막한 숲에
천 년을 이어온 노송
길을 따라 호젓하게
혼자 걷다 보면
몸과 마음은 내려앉아

여유로움에 취한다.

–「신두사구와 휴양림」 중에서

언제부턴가
내 앞에 펼쳐진
하늘과 바다 사이로
주름 하나 없히게 될
그 시간 뒤로 너를 품으리.

–「동해의 모습」 중에서

보라, 기행시는 대체로 여행길에서 느낀 감명感銘이나 인상을 주요한 소재로 해서 창작된다. 우리의 선배 시인들도 다양한 기행시를 남겼으나 문학적 완성도는 낮다는 평가이고 보면 기행시가 단순하게 풍물과 풍광을 노래하는 데 머무는 것이 아니라, 그 시인이 감동한 메시지가 무엇이냐가 기행시의 관건關鍵이 된다.

이러한 관점觀點에서 방효필 시인은 '그리움이 가슴에 와 안' 긴다는 '방포해수욕장' 과 '몸과 마음은 내려앉아 / 여유로움에 취한다.' 는 '신두사구 휴양림' 에서 교감한 정서의 심연深淵에는 아늑하고 고즈넉한 정취가 듬뿍 흐르고 있다.

그는 다시 '동해 / 넓게 널어놓은 백사장' 에 서서 '주름하나 없히게 될 / 그 시간 뒤로 너를 품으리.' 라는 심중心中

의 자적이 어떤 기원祈願의 의지로 전환하는 시법을 읽을 수 있다.

이렇게 그의 기행은 계속된다. '순천만 자락에' 서 '피처럼 피는 사랑아 / 때론 순수하고 / 때론 헐렁했던 / 그대에게 / 화아한 마음을 / 전하고 싶구나(「갈대꽃이 피었네」 중에서)' 라는 그의 진솔眞率한 기원이 발현되는가 하면 '옥구공원' 에서는 '바람을 따라 걸어온 나그네는 / 그대로 취해 머물고 / 골짜기마다 누운 돌 앞에 / 근심 걱정 다 내려놓아도 / 좋을 것 같다(「모이다. 바람 앞에」 중에서)' 는 언술로 인생 나그네의 근심과 걱정은 다 버리고 그 풍광에 취해 버린 풍유諷諭의 가락을 엿듣는 것 같기도 하다.

그리고 방효필 시인은 '경포대 경포해변 / 장송의 그늘에서 / 추억 한 잔 마셔보세', '초록빛 풍경 모세의 기적 / 하늘 길 열리는 풍광을 / 맛보기 위해 / 상춘객들의 발길을 멈추게 한다.', '용추계곡 잠시나마 / 고달픔을 잊게 해준 / 그곳 정취에 젖어본다.', '모악산과 김제벌 호남평야에 / 숱한 밀어들이 소곤대는 곳 / 살아 있어 부서지는 / 빈 들판 속으로 빨려 들어간다.' 그리고 '무등산 옛길 비 오는 날 / 동양화 화폭을 담은 가을 / 원초의 서석대瑞石臺 / 무아지경의 길' 처럼 전국 각지에서 자연과 혹은 인간들과의 원류의 서정성을 교감하고 있다.

이러한 기행시는 자칫하면 개인적인 소감문이 될 우려가 있어서 특별한 언술과 주제가 필수적으로 적시摘示되어야 하는 시법을 중시하게 된다. 그러나 그가 작품 「오서산과 궁리 해변」에서는 '삶의 소중함을 쥐며 / 반 토막 남은 햇살 아래 / 바다는 그렇게 그리움을 / 묻어버렸다' 라고 분사함으로써 지금까지 창작해온 일반적인 서정시보다 우뚝 선 주제를 이해하게 되어 소감문적인 우려는 불식拂拭해도 무방할 것 같다.

이제 방효필 시집「바다에 뜬 달을 딴다」에 대한 종합적인 견해로 마무리해야겠다. 대체로 일반적인 서정을 주안점主眼點으로 한 그의 정서와 사유의 지향성은 현대시가 요구하는 위의가 잘 반영되고 있음에 안도安堵하게 된다.

왜냐하면, 첫 시집의 맹점盲點이 그 시인의 고백이나 독백으로 흐를 염려가 상존常存하는데 '잘 지어진 밥상처럼 / 묵은 지가 되어 / 맛의 조화를 만들어 낸다.(「숙성된 시는 아름답다」 중에서)' 는 자성自省의 말처럼 이를 극복한 방효필 시인의 노력은 영원히 이어져야 할 것이다.

다만, 현대시는 일찍이 프랑스의 근대 상징주의의 비조라고 알려진 C. P. 보들레르는 '시의 목적은 진리나 도덕을 노래하는 것은 아니다.' 라는 말과 함께 '시는 항상 기쁨이든 슬픔이든 그 자체 속에 이상을 좇는 신과 같은 성격' 을 갖고 있어야 한다는 언지와 같이 방효필 시인의 지속될 체험의 중심이 새로운 문학적 지표指標를 향한 지향성을 위한 지적知的 자양분滋養分을 궁극적으로 축적해야 한다는 점이 가장 소중함을 자각自覺해야 한다.

두 번째 시집에서는 더욱 진취적인 주제가 가미된 작품을 대할 수 있기를 기대한다. 시집 출간을 축하한다.

김 송 배

(시인. 한국문인협회 부이사장)

바다에 뜬 달을 따다

청암 방 효 필 제1시집

지난해 여름은 폭염과 폭우, 태풍으로 곤욕을 치른 악몽의 계절이었습니다.
이러한 고통과 시련으로 다져지면서 더 강단져지고 단단히 굳어져 실의를 벗고 우뚝 서는 오뚝이 인생처럼, 이제 고난과 시련의 시간을 뒤로하고 계사년 새해를 맞아 문운과 불후의 명작을 낳는 기회의 시간이 되기를 바라면서…

인쇄 1판 1쇄 2013년 1월 8일
발행 1판 1쇄 2013년 1월 12일

저　자_ 방효필
발행인_ 최경식
인쇄처_ 도서출판 청옥문학사
디자인_ 문화마을

등록번호_ 제10-11-05호
주　소_ 부산시 동래구 명륜로 203-6 (명륜동 696-38)
전　화_ 051-517-6068 / 051-525-7965
팩　스_ 051-529-6068
E-mail _ kyu500@hanmail.net (출판사)

ISBN 978-89-97805-05-1
값_ 10,000원